I0489566

DICTIONARY
of
FINANCE

DICTIONARY
of
FINANCE

English-Portuguese • Portuguese-English

Luis Waldmann

DICTIONARY *of* FINANCE

English-Portuguese • Portuguese-English

Proofreaders: Zeeiv Amitay, Liège Casqueiro (insurance terms), Ricardo Schechtman and Felipe Soares

Cover and interior designed by Jason Harvey

ISBN: 978-85-63134-01-1

CIP-BRASIL. CATALOGAÇÃO-NA-FONTE
SINDICATO NACIONAL DOS EDITORES DE LIVROS, RJ

W169d

Waldmann, Luis
    Dictionary of finance: english-portuguese, portuguese-english / Luis Waldmann. - Rio de Janeiro : Top Tier, 2012.
    Inclui índice
    ISBN 978-85-63134-01-1
    1. Finanças - Dicionários. 2. Finanças - Dicionários - Inglês. 3. Finanças - Dicionários - Português. 4. Língua inglesa - Dicionários - Português. 5. Língua portuguesa - Dicionário - Inglês. I. Título.

11-8518.   CDD: 332.03
                                            CDU: 336(038)
20.12.11 27.12.11   032223

CONTENTS

INTRODUCTION

Dear Reader,

This dictionary aims to help English speakers do more business in Brazil, the largest economy in Latin America.

By learning the Portuguese Brazilians use in finance, you will have an edge in this booming market, where many professionals are not fluent in English.

In fact, Brazil ranked in the low proficiency bracket, behind Argentina and Mexico, in the latest EF English Proficiency Index of 44 countries.

So use this dictionary to connect with Brazilians in business, translate reports from Portuguese, understand emails and more.

Luis Waldmann
Top Tier Translation
www.toptier.com.br

CHAPTER

1

....

ENGLISH-PORTUGUESE

A

ENGLISH-PORTUGUESE

Accept
Aceitar

Acceptance
Aceitação, aceite

Accord
Acordo

Account
Conta

Accountant
Contador

Accounting
Contabilidade

Accounts payable
Contas a pagar

Accounts receivable
Contas a receber

Accrual basis
Regime de competência

Accrued interest
Juros provisionados, juros acumulados

Accumulate
Acumular

Acquire
Adquirir, comprar

Acquirer
Adquirente, comprador

Acquisition
Aquisição, compra

Acquittance
Quitação

Actuary
Atuário

Add
Adicionar

Addition
Adição

Addressee
Destinatário

Administration
Administração

Administrator
Administrador

Advance (noun)
Adiantamento

Advance (verb)
Avançar, adiantar

Advantage
Vantagem

Affidavit
Declaração juramentada

Agency
Agência

Agenda
Pauta

Agent
Agente

Agree
Concordar

Agreement
Acordo, contrato

Alienate
Alienar

All-in cost
Custo total

Allowance
Provisão

Allowance for doubtful accounts
Provisão para devedores duvidosos (PDD)

Allowance for loan losses
Provisão para créditos de liquidação duvidosa

Amass
Acumular

Amortization
Amortização

Amortize
Amortizar

Amount
Quantia; quantidade

Analyst
Analista

Analyze
Analisar

Annual rate
Taxa anual

Annual report
Relatório anual

Antitrust law
Direito antitruste, lei antitruste, direito concorrencial

Applicant
Candidato

Appoint
Marcar, nomear

Appointment
Compromisso

Appraisal
Avaliação

Appraise
Avaliar

Appreciate
Apreciar; valorizar

Appreciation
Valorização

Approval
Deferimento, aprovação

Approve
Aprovar

Arrange
Arranjar, providenciar

Arrears
Mora, atraso

Article
Artigo

Articles of association
Estatuto social, contrato social

Articles of incorporation
Contrato social, estatuto social

Articles of organization
Contrato social

As soon as possible (ASAP)
Assim que possível

Ask price
Preço de venda

Assembly
Assembleia; montagem

Assess
Avaliar

Assessment
Avaliação

Asset
Ativo, bem

Asset management
Gestão de ativos, gestão de recursos

Asset manager
Gestor de ativos, gestor de recursos

Asset-based financing
Financiamento garantido por ativo

Assets
Ativos, bens, patrimônio

Assets under management
Ativos sob gestão

Assign
Ceder; designar

Assignee
Cessionário

Assignment
Cessão; tarefa

Assignor
Cedente

Association
Associação, parceria, sociedade

Attorney
Advogado; procurador

Auction (noun)
Leilão

Auction (verb)
Leiloar

Audit (noun)
Auditoria

Audit (verb)
Auditar

Audit committee
Conselho fiscal

Auditor
Auditor

Authority
Autoridade; jurisdição

Authorize
Autorizar

Average
Média

B

ENGLISH-PORTUGUESE

Back office
Retaguarda

Bad check
Cheque sem fundo

Bad debt
Crédito de liquidação duvidosa,
dívida incobrável

Bad faith
Má-fé

Balance (noun)
Equilíbrio; saldo

Balance (verb)
Equilibrar

Balance of payments
Balanço de pagamentos

Balance of trade
Balança comercial

Balance sheet
Balanço patrimonial

Ballot
Voto

Bank
Banco

Bank account
Conta bancária

Bank of International Settlements
(BIS)
Banco de Compensações
Internacionais

Bank reconciliation
Conciliação bancária

Bank statement
Extrato bancário

Bank teller
Caixa de banco

Banker
Banqueiro

Banknote
Cédula

Bankrupt estate
Massa falida

Bankruptcy
Bancarrota, falência, quebra

Bar Association
Ordem dos Advogados

Bar code
Código de barras

Bargain (noun)
Barganha, pechincha

Bargain (verb)
Pechinchar

Barter (noun)
Escambo

Barter (verb)
Trocar

Basis point
Ponto base

Bearish
Pessimista

Benchmark
Referência

Beneficiary
Beneficiário, favorecido

Benefit (noun)
Benefício

Benefit (verb)
Beneficiar; aproveitar

Bias
Viés

Bid
Lance, oferta

Bid bond
Garantia de licitação, garantia do concorrente, garantia de manutenção de proposta

Bid price
Preço de compra

Bidder
Licitante

Bidding
Licitação; leilão

Bill (noun)
Fatura; duplicata

Bill (verb)
Cobrar

Bill of exchange
Letra de câmbio

Bill of lading
Conhecimento de embarque, conhecimento de transporte

Billion
Bilhão

Blank check
Cheque em branco

Blue chip
Ação de primeira linha

Blueprint
Projeto, modelo, planta

Board of Directors
Conselho de Administração

Board of Trade
Junta Comercial

Bond
Título, título de dívida, bônus, debênture

Bonus
Bônus

Book value
Valor contábil, valor patrimonial

Book-entry share
Ação escritural

Borrow
Tomar emprestado

Borrower
Devedor, mutuário, tomador de empréstimo

Borrowing
Captação, tomada de empréstimo

Boss
Chefe

Bottleneck
Gargalo

Bounced check
Cheque sem fundo

Boycott (noun)
Boicote

Boycott (verb)
Boicotar

Branch
Filial, sucursal

Brand
Marca

Brazilian corporate law
Lei das Sociedades Anônimas

Brazilian Securities, Commodities
and Futures Exchange
BMF&BOVESPA

Breach (noun)
Infração, violação

Breach (verb)
Violar

Break-even point
Ponto de equilíbrio

Bribe (noun)
Suborno

Bribe (verb)
Subornar

Broker (noun)
Corretor

Broker (verb)
Intermediar

Brokerage
Corretagem

Broker-dealer
Corretora de valores

Budget
Orçamento

Bullet payment
Pagamento de empréstimo em parcela única

Bullish
Otimista

Bureaucracy
Burocracia

Business
Negócios; firma

Business day
Dia útil

Business hours
Expediente comercial

Business interruption insurance
Seguro de lucros cessantes

Business purpose
Objeto social

Businessman
Empresário; comerciante

Businesswoman
Empresária

Buy
Comprar

Buyback
Recompra

Buyer
Comprador, adquirente

Buyer credit
Crédito ao comprador

Buyout
Compra de controle acionário

By-laws
Estatuto social

By-product
Subproduto

C

ENGLISH-PORTUGUESE

Calendar
Calendário

Call for tenders
Edital

Call option
Opção de compra

Campaign
Campanha

Candidate
Candidato

Capital
Capital; capital social

Capital assets
Bens de capital

Capital expenditure (CAPEX)
Despesa de capital, investimento

Capital flight
Fuga de capital

Capital gain
Ganho de capital

Capital goods
Bens de capital

Capital market
Mercado de capitais

Capital reserve
Reserva de capital

Capital stock
Capital social

Capital structure
Estrutura de capital

Capitalization
Capitalização

Cartel
Cartel

Case law
Jurisprudência

Cash
Caixa, dinheiro vivo, disponível, à vista

Cash balance
Saldo de caixa

Cash book
Livro caixa

Cash flow
Fluxo de caixa

Central Bank
Banco Central

Certificate
Declaração; certidão, certificado

Certificate of Deposit (CD)
Certificado de Depósito Bancário (CDB)

Certificate of good standing
Certidão negativa

Chairman
Presidente

Chamber of commerce
Câmara de comércio

Chapter 11
Concordata

Charge
Encargo, ônus; débito

Charter (noun)
Contrato social

Charter (verb)
Fretar

Chartist
Grafista

Chattel mortgage
Alienação fiduciária

Cheap
Barato

Check (US)
Cheque

Check (verb)
Controlar; registrar

Checkbook
Talão de cheques

Checking account
Conta corrente

Checks and balances
Controles

Cheque (UK)
Cheque

Chief Accounting Officer (CAO)
Diretor de Contabilidade

Chief Executive Officer (CEO)
Diretor Executivo, Diretor Presidente, Presidente

Chief Financial Officer (CFO)
Diretor Financeiro

Chief Operating Officer (COO)
Diretor de Operações

Claim (noun)
Pedido de indenização; reivindicação

Claim (verb)
Exigir; reivindicar

Class action
Ação coletiva

Clause
Cláusula

Clearing
Compensação

Clearing bank
Banco de compensação

Clearing house
Câmara de compensação

Client
Cliente

Closed company
Sociedade de capital fechado, empresa de capital fechado

Closed-capital company
Empresa de capital fechado, sociedade de capital fechado

Coin
Moeda

Collateral
Garantia, caução

Colleague
Colega

Collection
Arrecadação; cobrança

Collective bargaining
Acordo coletivo, dissídio coletivo, negociação coletiva

Collusion
Colusão; conluio

Commercial bank
Banco comercial

Commercial risk
Risco comercial

Commission (noun)
Comissão

Commission (verb)
Contratar, encomendar

Commitment
Comprometimento, compromisso

Committee
Comitê

Common sense
Bom senso

Common share
Ação ordinária (ON)

Common stock
Ação ordinária (ON)

Company
Companhia, empresa, sociedade

Compensate
Compensar

Compensation
Compensação; remuneração

Compete
Competir

Competence
Competência

Competition
Concorrência

Competitor
Concorrente

Compound annual growth rate (CAGR)
Taxa composta de crescimento anual

Compound interest
Juro composto

Concern
Empresa; preocupação

Conference
Conferência

Conference call
Teleconferência

Confiscate
Confiscar

Conflict of interest
Conflito de interesses

Conglomerate
Conglomerado

Congress
Congresso

Consignee
Consignatário

Consignment
Consignação

Consolidate
Consolidar

Consolidated EBITDA
EBITDA consolidado

Consolidated gross revenue
Receita bruta consolidada

Consolidation
Consolidação

Consortium
Consórcio

Consult
Consultar

Consultant
Consultor

Consulting
Consultoria

Consumer credit
Crédito ao consumidor

Consumer goods
Bens de consumo

Consumer price index (CPI)
Índice de preços ao consumidor (IPC)

Contract (noun)
Contrato

Contract (verb)
Contratar

Controllership
Controladoria

Controlling shareholder
Acionista controlador

Convert
Converter; transformar

Convertibility
Conversibilidade

Cooperate
Cooperar

Cooperative
Cooperativa

Coordinate
Coordenar

Coordinator
Coordenador

Corporate bond
Debênture, título de dívida

Corporate finance
Finanças corporativas

Corporate governance
Governança corporativa

Corporate name
Razão social

Corporate purpose
Objeto social

Corporation
Empresa, sociedade, sociedade anônima

Correct
Corrigir

Correction
Correção

Co-sign
Avalizar

Cost (noun)
Custo

Cost (verb)
Custar

Cost basis
Base de custo

Cost of capital
Custo do capital

Cost of goods sold (COGS)
Custo das mercadorias vendidas (CMV), custo dos produtos vendidos (CPV)

Cost of living
Custo de vida

Cost overruns
Excessos de custo

Cost, insurance and freight (CIF)
Custo, seguro e frete

Cost-benefit
Custo-benefício

Cost-benefit analysis
Análise de custo-benefício

Counsel (noun)
Advogado; conselho

Counsel (verb)
Aconselhar

Counterfeit (noun)
Falsificado

Counterfeit (verb)
Falsificar

Counterproductive
Contraproducente

Country risk
Risco-país

Coupon
Cupom

Court (noun)
Tribunal

Court (verb)
Agradar, cortejar

Court decision
Decisão judicial

Court official
Oficial de justiça

Cover (verb)
Cobrir

Coverage
Cobertura

Credibility
Credibilidade, idoneidade

Credit
Crédito

Credit card
Cartão de crédito

Credit insurance
Seguro de crédito

Credit market
Mercado de crédito

Credit rating
Classificação de crédito, nota de crédito

Credit rating agency
Agência de avaliação de crédito

Credit risk
Risco de crédito

Creditor
Credor

Creditworthiness
Qualidade creditícia

Cross default
Inadimplemento cruzado

Currency
Moeda

Current account
Conta corrente

Current assets
Ativo circulante

Current liabilities
Passivo circulante

Custodian
Depositário, custodiante

Custody
Custódia

Customer
Cliente

Customer acquisition
Captação de clientes

Customs
Alfândega, aduana

Customs duty
Imposto alfandegário

D

ENGLISH-PORTUGUESE

Damage (noun)
Dano

Damage (verb)
Danificar

Damages
Indenização

Day off
Folga

Deadline
Data de vencimento, data final, prazo

Deal
Operação, negócio; oferta

Debenture
Debênture

Debit (noun)
Débito

Debit (verb)
Debitar

Debit card
Cartão de débito

Debt
Dívida

Debt capital market
Mercado de crédito, mercado de dívida

Debt market
Mercado de crédito, mercado de dívida

Debt ratio
Índice de endividamento

Debt service
Serviço da dívida

Debtor
Devedor

Decrease (noun)
Redução

Decrease (verb)
Reduzir, diminuir

Decree (noun)
Decreto

Decree (verb)
Decretar

Deduct
Deduzir

Deductible
Franquia do seguro

Deduction
Dedução, desconto

Deed
Escritura

Default
Inadimplência, moratória,
calote, mora

Deferred asset
Ativo diferido

Deferred costs
Custos diferidos

Deferred income
Resultado de exercícios futuros

Deficit
Déficit

Deflate
Deflacionar

Deflation
Deflação

Deflator
Deflator

Degree
Grau

Deliberate
Deliberar

Delinquency
Inadimplência

Delinquent
Inadimplente

Deliver
Entregar

Deliverable forward (DF) contract
Contrato a termo de moeda com
entrega física

Delivery
Entrega

Demand (noun)
Demanda

Demand (verb)
Demandar

Demand shock
Choque de demanda

Department
Departamento

Deplete
Esgotar

Depletion
Exaustão

Deposit (noun)
Depósito

Deposit (verb)
Depositar

Depositary
Depositário

Depreciate
Depreciar

Depreciation
Depreciação

Deregulation
Desregulamentação

Derivative
Derivativo

Devaluation
Desvalorização

Devalue
Desvalorizar

Development bank
Banco de desenvolvimento

Dilute
Diluir

Dilution
Diluição

Direct mail
Mala direta

Disburse
Desembolsar

Disbursement
Desembolso

Disclaim
Renunciar; recusar

Disclaimer
Aviso legal; renúncia

Disclose
Divulgar, revelar

Disclosure
Divulgação

Discount (noun)
Desconto, abatimento; deságio

Discount (verb)
Descontar, abater

Discounted cash flow (DCF)
Fluxo de caixa descontado

Discrepancy
Discrepância

Dismiss
Demitir

Dismissal
Demissão

Disposable income
Renda disponível

Distribute
Distribuir

Distributor
Distribuidor

Dividend
Dividendo

Dividends per share
Dividendos por ação

Double taxation
Bitributação

Down payment
Entrada, sinal

Downgrade (noun)
Rebaixamento

Downgrade (verb)
Rebaixar

Downtime
Período/tempo ocioso

Draft
Minuta; rascunho

Drawee
Sacado

Drawer
Sacador

Due date
Vencimento, data de vencimento

Due diligence
Auditoria

Durable goods
Bens duráveis

Duration
Duração; vigência

Duty
Imposto, imposto de importação

E

ENGLISH-PORTUGUESE

Earnings
Lucro; renda, receitas

Earnings before interest, taxes,
depreciation and amortization
(EBITDA)
*Lucro antes de juros, impostos,
depreciação e amortização
(LAJIDA)*

Earnings per share (EPS)
Lucro por ação

EBITDA
LAJIDA

Econometrics
Econometria

Economic value added (EVA)
Valor econômico adicionado

Economics
Economia

Economies of scale
Economias de escala

Economy
Economia

Effective date
Data de entrada em vigor

Emerging market
Mercado emergente

Employee
Empregado, funcionário

Employer
Empregador

Employment
Emprego

Encumbrance
Gravame

Endorse
Endossar

Endorsee
Endossado

Endorsement
Endosso

Endorser
Endossante

Enforcement
Execução de contrato

Engineer (noun)
Engenheiro

Engineer (verb)
Projetar, planejar

Enroll
Matricular

Enrollment
Inscrição, matrícula

Enterprise
Empreendimento

Entrepreneur
Empreendedor

Entrepreneurship
Empreendedorismo

Equip
Equipar

Equipment
Equipamento

Equity
Ações, patrimônio, capital, participação societária

Escrow account
Conta caução, conta gráfica

Estate
Bens, patrimônio; espólio

Estimate (noun)
Estimativa

Estimate (verb)
Estimar

Evaluate
Avaliar

Evaluation
Avaliação

Evict
Despejar; desapossar

Eviction
Despejo

Exchange (noun)
Câmbio

Exchange (verb)
Trocar

Exchange rate
Taxa de câmbio

Ex-dividend share
Ação sem dividendos, ação vazia

Exempt (noun)
Isento

Exempt (verb)
Isentar, dispensar

Exemption
Isenção; dispensa

Exhibition
Exposição

Expend
Gastar

Expenditure
Gasto

Expense
Despesa, gasto, custo

Expensive
Caro

Expert
Especialista, perito

Expiration date
Data de vencimento

Expire
Caducar, expirar

Export
Exportar

Export credit
Crédito à exportação

Export credit agency (ECA)
Agência de crédito à exportação

Export credit insurance
Seguro de crédito à exportação

Export finance
Financiamento à exportação

Exporter
Exportador

Expropriate
Desapropriar; expropriar

Expropriation
Desapropriação; expropriação

Extend
Estender

Extension
*Extensão, prorrogação; ramal
telefônico*

F

ENGLISH-PORTUGUESE

Face value
Valor de face

Factory
Fábrica

Fair value
Valor justo

Fake
Falsificado

Farm out
Terceirizar

Feasibility
Viabilidade

Feasible
Viável

Federal District
Distrito Federal

Federal Reserve
Banco Central dos EUA

Fee
Tarifa, taxa

Fiduciary agent
Agente fiduciário

Figure
Cifra, número

File (noun)
Arquivo

File (verb)
Arquivar

Finance (noun)
Finanças; financiamento

Finance (verb)
Financiar

Financial advisor
Assessor financeiro

Financial expenses
Despesas financeiras

Financial market
Mercado financeiro

Financial statement
Demonstração financeira

Financing
Financiamento

Fine (noun)
Multa

Fine (verb)
Multar

Fire
Demitir

Firm
Firma

Fiscal year
Ano fiscal

Fixed asset
Ativo permanente, ativo fixo, ativo imobilizado

Fixed capital
Capital fixo

Fixed cost
Custo fixo

Fixed income
Renda fixa

Fixed rate
Taxa fixa

Fixed-interest loan
Empréstimo a juros fixos

Fixed-rate loan
Empréstimo a juros fixos

Flat rate
Taxa fixa

Fleet
Frota

Floating exchange rate
Taxa de câmbio flutuante

Floating rate
Taxa flutuante

Flow chart
Fluxograma

For your information (FYI)
Para sua informação (PSI)

Force majeure
Força maior

Forecast (noun)
Projeção, previsão

Forecast (verb)
Projetar, prever

Foreclose
Tomar posse de bem dado como garantia em hipoteca

Foreign direct investment (FDI)
Investimento estrangeiro direto (IED)

Foreign exchange (FX)
Câmbio, moeda estrangeira

Foreign exchange rate
Taxa de câmbio

Foreign exchange reserves
Reservas cambiais, reservas internacionais

Foreign trade
Comércio exterior

Form
Formulário

Formation of a company
Constituição de uma empresa, abertura de uma empresa

For-profit company
Empresa com fins lucrativos

Forward rate agreement (FRA)
Acordo de taxa a termo, acordo de taxa futura

Franchise
Franquia

Free (noun)
Gratuito

Free (verb)
Liberar

Free float
Ações em circulação

Front company
Empresa de fachada

Full-time job
Emprego de período integral

Fund (noun)
Fundo

Fund (verb)
Financiar

Fund manager
Gestor de fundo

Fund of funds
Fundo de fundos

Fundraising
Captação

Fundamental analysis
Análise fundamentalista

Funding
Financiamento, captação

Futures
Futuros

Futures contract
Contrato futuro

Futures market
Mercado futuro

G

Gain (noun)
Ganho; lucro

Gain (verb)
Ganhar

Gap
Defasagem; lacuna

Gas
Gasolina; gás

Gasoline
Gasolina

Gauge (noun)
Índice, indicador

Gauge (verb)
Medir, avaliar

General ledger
Livro razão geral, razão geral

Generate
Gerar

Go private
Fechar o capital

Go public
Abrir capital

Goal
Meta, objetivo

Good faith
Boa fé

Good standing
Idoneidade

Goods
Mercadorias

Goodwill
Fundo de comércio; ágio

Government agency
Autarquia

Government bonds
Títulos da dívida pública

Government-owned company
Empresa pública, empresa estatal

Grace period
Carência, período de carência

Grade (noun)
Grau

Grade (verb)
Classificar, qualificar

Grant
Outorgar

Granted
Deferido

Grantee
Outorgado

Grantor
Outorgante

Gross domestic product (GDP)
Produto interno bruto (PIB)

Gross profit
Lucro bruto

Gross revenue
Receita bruta

Guarantee (noun)
Garantia, caução, aval, fiança

Guarantee (verb)
Garantir

Guarantor
Avalista, fiador

Guideline
Diretriz

H

ENGLISH-PORTUGUESE

....

Hard currency
Moeda forte

Headquarters
Matriz, sede

Hearing
Audiência

Heir
Herdeiro

Hoard
Acumular

Holder
Titular

Holding company
*Matriz, companhia controladora,
sociedade controladora*

Holiday
Feriado

Hot money
Capital especulativo

I

ENGLISH-PORTUGUESE

Illiquid
Ilíquido

Import (noun)
Importação

Import (verb)
Importar

Import duty
Imposto de importação

Importer
Importador

Income
Renda; lucro

Income statement
Demonstração de resultados

Income tax
Imposto de renda

Indebtedness
Endividamento

Indemnification
Indenização

Indemnify
Indenizar

Index
Indicador, índice

Individual
Indivíduo, pessoa física

Industry
Indústria

Infeasible
Inviável

Inflation
Inflação

Inflation adjustment
Correção monetária

Infrastructure
Infraestrutura

Infringement
Infração, violação

Inherit
Herdar

Inheritance
Herança

Initial public offering (IPO)
Oferta pública inicial

Injunction
Liminar, mandado de segurança

Input
Insumo; entrada

Inside information
Informação privilegiada

Insolvency
Insolvência

Insolvent
Insolvente

Inspect
Inspecionar, fiscalizar

Inspection
Inspeção, fiscalização

Installment
Prestação, parcela

Institution
Instituição

Institutional investor
Investidor institucional

Instrument
Contrato, instrumento

Insurance
Seguro

Insurance company
Seguradora

Insurance policy
Apólice de seguro

Insure
Segurar, garantir

Insured
Segurado

Insurer
Seguradora

Intangible asset
Bem intangível, ativo intangível

Intellectual property
Propriedade intelectual

Interest
Juros, taxa de juros; participação societária

Interest on arrears
Juros de mora

Interest on capital
Juros sobre capital próprio

Interest rate
Taxa de juros

Intermediary
Intermediário

Intern
Estagiário

Internal rate of return (IRR)
Taxa interna de retorno (TIR)

Internal Revenue Service (IRS)
Receita Federal dos EUA

International Monetary Fund (IMF)
Fundo Monetário Internacional (FMI)

Inventory
Estoque; inventário

Invest
Investir

Investment
Investimento; aplicação

Investment bank
Banco de investimento

Investment club
Clube de investimento

Investment fund
Fundo de investimento

Investment grade
Grau de investimento

Investment portfolio
Carteira de investimentos

Investor
Investidor

Investor relations
Relações com investidores

Invoice (noun)
Duplicata, fatura, nota fiscal

Invoice (verb)
Faturar

Irrevocable
Irrevogável

Irrevocable letter of credit
Carta de crédito irrevogável

Issuance
Emissão

Issuer
Emissor, emitente

J

ENGLISH-PORTUGUESE

Job
Emprego

Jobless
Desempregado

Jobless rate
Taxa de desemprego

Joblessness
Desemprego

Joint and several liability
Responsabilidade solidária

Joint venture
Empreendimento/empresa conjunta

Journal
Livro diário

Judge (noun)
Juiz

Judge (verb)
Julgar

Junk bond
Título de alto risco

Jurisdiction
Competência; jurisdição, foro

Jurisprudence
Competência; jurisdição, foro

K

ENGLISH-PORTUGUESE

Kickback
Suborno, propina

L

ENGLISH-PORTUGUESE

Label (noun)
Rótulo

Label (verb)
Rotular

Lag
Defasagem, atraso

Landlord
Locador, proprietário

Law
Direito, lei

Law firm
Escritório de advocacia

Lawsuit
Ação judicial, processo judicial

Lawyer
Advogado

Lay off (verb)
Demitir, despedir

Layoff (noun)
Demissão

Learning curve
Curva de aprendizado

Lease (noun)
Arrendamento, locação, aluguel

Lease (verb)
Arrendar, alugar

Leave
Licença

Lecture (noun)
Palestra

Lecture (verb)
Palestrar

Ledger
Livro razão

Legal counsel
Advogado

Legal entity
Pessoa jurídica

Legal opinion
Parecer jurídico

Legal reserve
Reserva legal

Lend
Emprestar

Lender
Mutuante, credor, emprestador

Lessee
Arrendatário, arrendador, locatário

Lessor
Arrendador, arrendante, locador

Let (UK)
Alugar

Letter of credit
Carta de crédito

Letterhead
Papel timbrado

Leverage (noun)
Alavancagem

Leverage (verb)
Alavancar

Levy (noun)
Imposto

Levy (verb)
Cobrar imposto

Liability
Obrigação, passivo, responsabilidade

License (noun)
Licença, alvará

License (verb)
Permitir, autorizar

Lien
Garantia, penhor

Life insurance
Seguro de vida

Limited company
Sociedade por cotas de responsabilidade limitada

Limited liability
Responsabilidade limitada

Limited liability company (LLC)
Companhia limitada, sociedade limitada

Line of credit
Linha de crédito

Liquid asset
Ativo líquido

Liquidate
Liquidar

Liquidation
Liquidação; dissolução

Liquidity
Liquidez

Liquidity ratio
Índice de liquidez

Litigate
Litigar

Litigation
Litígio

Loan (noun)
Empréstimo, mútuo

Loan (verb)
Emprestar

Loan agreement
Contrato de empréstimo

Loan shark
Agiota

Loan-loss provision
Provisão para créditos de liquidação duvidosa

Logistics
Logística

Long position
Posição comprada

Long term
Longo prazo

Long-term financing
Financiamento de longo prazo

Loophole
Brecha

Loss
Prejuízo, perda; sinistro

Loss ratio
Sinistralidade, índice de sinistralidade

Lump sum
Montante fixo, pagamento único

M

ENGLISH-PORTUGUESE

Macroeconomics
Macroeconomia

Magnate
Magnata

Mail
Correio

Maintenance
Manutenção

Majority shareholder
Acionista majoritário

Manage
Gerenciar, administrar

Management
Gestão, gerenciamento, administração

Manager
Gerente, gestor, administrador

Mandamus
Mandado de segurança

Mandate
Mandato, permissão, autorização

Manufacture
Manufaturar, produzir

Manufacturer
Fabricante

Margin
Margem

Margin call
Chamada de margem

Marked to market
Marcado a mercado

Market (noun)
Mercado

Market (verb)
Comercializar

Market capitalization
Capitalização de mercado

Market share
Participação de mercado

Market value
Valor de mercado, valor venal

Material fact
Fato relevante

Maternity leave
Licença maternidade

Mathematics
Matemática

Matured
Vencido

Maturity
Data de vencimento, vencimento

Measure (noun)
Providência, medida

Measure (verb)
Medir

Mediate
Mediar

Mediation
Mediação

Medium term
Médio prazo

Meeting
Reunião, assembleia

Merchandise
Mercadoria

Merchant
Comerciante

Merge
Unir, fundir

Merger
Fusão

Microeconomics
Microeconomia

Middleman
Intermediário

Million
Milhão

Minimum wage
Salário mínimo

Minority interest
Participação de minoritários

Minority shareholder
Acionista minoritário, sócio minoritário

Minority stockholder
Sócio minoritário, acionista minoritário

Minutes
Ata

Mitigant
Mitigador

Mitigate
Mitigar

Mixed-capital company
Empresa de capital misto

Monetary policy
Política monetária

Monetization
Monetização

Monetize
Monetizar

Money
Dinheiro

Money order
Ordem de pagamento

Monitor
Monitorar

Monopoly
Monopólio

Moratorium
Moratória

Mortgage (noun)
Hipoteca

Mortgage (verb)
Hipotecar

Mortgagee
Credor hipotecário

Mortgagor
Devedor hipotecário

Mutual fund
Fundo mútuo

N

ENGLISH-PORTUGUESE

Nationalization
Estatização, nacionalização

Nationalize
Nacionalizar, estatizar

Natural person
Pessoa física

Natural resource
Recurso natural

Negotiate
Negociar

Negotiation
Negociação

Nepotism
Nepotismo

Net asset value (NAV)
Patrimônio líquido de um fundo de investimento

Net debt
Dívida líquida

Net earnings
Lucro líquido

Net equity
Patrimônio líquido

Net income
Lucro líquido

Net present value (NPV)
Valor presente líquido (VPL)

Net profit
Lucro líquido

Net revenue
Receita líquida

Net worth
Patrimônio líquido

Non-compete agreement
Acordo de não-concorrência

Non-deliverable forward contract (NDF)
Contrato a termo de moeda sem entrega física

Non-disclosure agreement (NDA)
Acordo de sigilo

Non-governmental organization (NGO)
Organização não-governamental (ONG)

Non-profit organization
Organização sem fins lucrativos, associação sem fins lucrativos

Non-voting capital
Capital sem direito a voto

Non-voting share
Ação sem direito a voto

Non-voting stock
Ação sem direito a voto

Notarize
Reconhecer firma

Notary public
Cartório, tabelião

Not-for-profit organization
Associação sem fins lucrativos, organização sem fins lucrativos

Notice
Notificação

Notice of meeting
Convocação de assembleia

Notification
Notificação; autuação

Notify
Intimar, notificar

O

ENGLISH-PORTUGUESE

Obligation
Obrigação

Obligor
Devedor

Obsolescence
Obsolescência

Obsolete
Obsoleto

Offer (noun)
Oferta

Offer (verb)
Oferecer

Office
Escritório; departamento

Official notification
Autuação

Oligopoly
Oligopólio

Omission
Omissão

Omit
Omitir

On credit
A prazo

On-lending
Repasse de financiamento

Operate
Operar

Operating cost
Custo operacional

Operating expense
Despesa operacional

Operating lease
Leasing operacional

Operation
Operação

Opportunity cost
Custo de oportunidade

Optimistic
Otimista

Option
Opção

Order (noun)
Encomenda, pedido

Order (verb)
Encomendar; ordenar

Organization
Empresa, organização

Organization chart
Organograma

Organization of a company
Abertura de uma empresa,
constituição de uma empresa

Outcome
Resultado

Outlay
Desembolso, gasto

Out-of-court settlement
Acordo extrajudicial

Output
Produção

Output gap
Hiato do produto

Outsource
Terceirizar

Outstanding
Em aberto

Outstanding shares
Ações em circulação

Outstanding stock
Ações em circulação

Overdraft
Saque a descoberto; cheque especial

Overdraft protection agreement
Cheque especial

Overdue
Vencido

Overhead costs
Custos indiretos, despesas gerais

Over-the-counter (OTC) market
Mercado de balcão

Overtime
Hora extra

Owner
Proprietário

Ownership
Propriedade

P

ENGLISH-PORTUGUESE

Package (noun)
Pacote

Package (verb)
Empacotar

Paid-in capital
Capital integralizado

Paid-in share
Ação integralizada

Palliative
Paliativo

Parent company
Companhia controladora, matriz

Partner
Sócio

Partnership
Sociedade, parceria

Part-time job
*Emprego de meio expediente,
emprego de meio período*

Password
Senha

Patent (noun)
Patente

Patent (verb)
Patentear

Pawn (noun)
Penhor, garantia

Pawn (verb)
Empenhar

Pay (noun)
Pagamento; remuneração

Pay (verb)
Pagar

Pay check
Contracheque, holerite

Pay slip
Contracheque, holerite

Pay stub
Contracheque, holerite

Payable
A pagar

Payback
*Recuperação do investimento;
reembolso*

Payee
Beneficiário, favorecido

Payer
Pagador

Payment
Pagamento

Payment order
Ordem de pagamento

Payroll
Folha de pagamento

Payroll tax
Encargo social

Penalty
Multa

Pension fund
Fundo de pensão

Pent-up demand
Demanda reprimida

Per annum (p.a.)
Ao ano (a.a.)

Per year
Por ano

Perform
Desempenhar, executar

Performance bond
Seguro garantia do executante

Perk
Benefício

Permanent assets
Ativo permanente

Permit (noun)
Alvará, licença

Permit (verb)
Permitir

Perpetual bond
Bônus perpétuo

Personnel
Pessoal

Pessimistic
Pessimista

Petrol (UK)
Gasolina

Phase in
Introduzir gradualmente

Phase out
Tirar de linha, remover gradualmente

Pink slip
Aviso de demissão

Plant
Fábrica

Pledge (noun)
Penhor, garantia

Pledge (verb)
Garantir; prometer

Policy
Política

Policyholder
Segurado

Political risk
Risco político

Politician
Político

Politics
Política

Portfolio
Portfólio, carteira

Portfolio manager
Gestor de carteira

Post office
Correio

Post office box (PO Box)
Caixa postal

Post-dated check
Cheque pré-datado

Postpone
Adiar, postergar, protelar

Power of attorney
Procuração

Pre-export finance
Pré-pagamento de exportações

Preferred share
Ação preferencial (PN)

Preferred stock
Ação preferencial (PN)

Preliminary injunction
Liminar

Premise
Premissa

Premium
Ágio; prêmio

Prepay
Pagar antecipadamente

Pre-shipment finance
Financiamento pré-embarque

President
Presidente

Price
Preço

Price-to-earnings (P/E) ratio
Índice preço-lucro (P/L)

Principal
Principal

Private company
Companhia fechada

Private pension plan
Previdência privada

Privately-held company
Companhia de capital fechado

Privatization
Privatização

Privatize
Privatizar

Probability
Probabilidade

Proceeds
Receita

Procurement
Departamento de compras

Produce
Produzir

Production
Produção

Profit (noun)
Lucro

Profit (verb)
Lucrar

Profit margin
Margem de lucro

Profit reserve
Reserva de lucro

Profit sharing
Participação nos lucros

Profit taking
Realização de lucros

Profitability
Rentabilidade, lucratividade

Project
Projeto

Project finance
Financiamento de projeto

Projection
Projeção

Promissory note
Nota promissória

Property
Propriedade, imóvel; bem

Proposal
Proposta

Pros and cons
Prós e contras

Protest (noun)
Protesto

Protest (verb)
Protestar

Provision
Provisão

Public bid
Concorrência pública

Public company
Companhia aberta, companhia de capital aberto, sociedade de capital aberto

Public debt
Dívida pública

Public notice
Edital

Public relations
Relações públicas

Public works
Obras públicas

Publicly-held company
Sociedade de capital aberto, empresa de capital aberto, companhia aberta, companhia de capital aberto

Public-private partnership
Parceria público-privada (PPP)

Purchase (noun)
Compra

Purchase (verb)
Comprar

Purchaser
Comprador, adquirente

Purchasing
Departamento de compras

Purchasing power
Poder aquisitivo, poder de compra

Put option
Opção de venda

Q

ENGLISH-PORTUGUESE

Quarter
Trimestre

Quarterly
Trimestralmente

Questionnaire
Questionário

Quick asset
Ativo de realização imediata

Quorum
Quorum

Quotation
Cotação

Quote
Cotação

R

ENGLISH-PORTUGUESE

Range
Faixa

Rate (noun)
Taxa; tarifa

Rate (verb)
Avaliar

Rate of return
Taxa de retorno

Ratification
Ratificação, homologação

Ratio
Quociente, índice

Real estate
Imóvel, bens imóveis

Real estate tax
Imposto sobre propriedade territorial urbana (IPTU)

Real interest rate
Taxa de juros real

Realty
Bens imóveis; imóvel

Rebate
Abatimento, desconto

Receipt
Recibo

Receivable
A receber, recebível

Receivership
Liquidação judicial

Recession
Recessão

Record (noun)
Cadastro; recorde

Record (verb)
Registrar

Recourse
Regresso, direito de regresso

Recover
Recuperar

Recovery
Recuperação

Red tape
Burocracia

Redeem
Resgatar

Redemption
Resgate

Redemption fee
Taxa de resgate

Reduce
Reduzir, diminuir

Reduction
Redução

Refinance
Refinanciar

Refinancing
Refinanciamento

Refund (noun)
Reembolso, restituição

Refund (verb)
Reembolsar

Register (noun)
Registro, cadastro

Register (verb)
Registrar

Registration
Inscrição

Regression
Regressão

Reimbursement
Reembolso

Reinstatement
Reintegração, restabelecimento

Reinsurance
Resseguro

Reinsure
Ressegurar

Reinvest
Reinvestir

Reinvestment
Reinvestimento

Relevant fact
Fato relevante

Relinquish
Abrir mão, ceder

Remuneration
Remuneração

Renew
Renovar

Renewal
Renovação

Renounce
Renunciar

Rent (noun)
Aluguel

Rent (verb)
Alugar

Replenish
Repor

Report
Relatório

Represent
Representar

Representative
Preposto, representante

Repurchase agreement (Repo)
Contrato de recompra

Reputable
Idôneo

Rescind
Rescindir

Research (noun)
Pesquisa

Research (verb)
Pesquisar

Reserve (noun) *Reserva, provisão*	Return *Retorno, rendimento, rentabilidade*
Reserve (verb) *Reservar*	Return on assets (ROA) *Retorno sobre os ativos*
Resign *Renunciar*	Return on equity (ROE) *Retorno sobre o patrimônio*
Resignation *Demissão, pedido de demissão*	Return on investment (ROI) *Retorno sobre investimento*
Resist *Resistir*	Return on sales *Retorno sobre vendas*
Resistance *Resistência*	Revenue *Receita, faturamento*
Resolution *Resolução*	Reversing entry *Estorno*
Resolve *Deliberar; resolver, decidir*	Revolving credit *Crédito rotativo*
Resources *Recursos*	Right of recourse *Direito de regresso*
Responsibility *Responsabilidade*	Risk (noun) *Risco*
Restore *Repor*	Risk (verb) *Arriscar*
Result *Resultado*	Risk aversion *Aversão a risco*
Resume *Reiniciar*	Risk capital *Capital de risco*
Résumé *Currículo*	Risk management *Gestão de risco*
Retailer *Varejista*	Risk premium *Prêmio de risco*
Retained earnings *Lucros acumulados, lucros retidos*	Risk-free asset *Ativo livre de risco*
Retirement *Aposentadoria*	Risk-free interest rate *Taxa de juro sem risco*

Rollover
Rolagem de dívida

Round down
Arredondar para baixo

Round off
Arredondar

Rule
Norma, regra

S

ENGLISH-PORTUGUESE

Sack
Demitir

Safe
Cofre

Safeguard
Salvaguarda

Salary
Salário

Sale
Venda

Sales tax
Imposto sobre vendas

Salesperson
Vendedor

Sample (noun)
Amostra

Sample (verb)
Experimentar

Save
Economizar, guardar, poupar

Savings
Poupança

Savings account
Caderneta de poupança

Schedule (noun)
Agenda, cronograma

Schedule (verb)
Agendar

Seasonal adjustment
Ajuste sazonal

Seasonality
Sazonalidade

Seasonally-adjusted
Dessazonalizado

Secondary market
Mercado secundário

Secondary offering
Oferta secundária

Secure (verb)
Assegurar

Securities
Títulos

Securities and Exchange
Commission (SEC)
*Equivalente nos EUA à Comissão de
Valores Mobiliários*

Securities brokerage
*Distribuidora de Títulos e Valores
Mobiliários (DTVM)*

Securities dealership
Distribuidora de Títulos e Valores Mobiliários (DTVM)

Securitization
Securitização

Security
Valor mobiliário, título

Seed money
Capital inicial

Segment
Segmento

Seize
Confiscar

Sell
Vender

Sell off
Liquidar

Seller
Vendedor

Semiannual
Semestral

Send
Enviar, remeter, mandar

Sender
Remetente

Service (noun)
Atendimento; serviço

Service (verb)
Prestar serviço

Service life
Vida útil

Session
Assembleia, sessão

Settle
Liquidar, saldar

Settlement
Acordo, liquidação, quitação, conciliação

Settlement date
Data de liquidação

Share capital
Capital social

Shareholder
Acionista; cotista

Shareholders' equity
Patrimônio líquido

Shareholders' meeting
Assembleia de acionistas

Shares
Ações

Shift
Turno

Shipping and handling
Envio e manuseio

Short position
Posição vendida

Short selling
Venda a descoberto

Short term
Curto prazo

Short-term financing
Financiamento de curto prazo

Sick leave
Licença médica

Simple interest
Juros simples

Skill
Habilidade

Social security
Previdência social

Society
Sociedade

Sole proprietorship
Empresa individual, firma individual

Solvency
Solvência

Sovereign risk
Risco soberano

Sovereign wealth fund
Fundo soberano

Specialist
Especialista

Special-purpose entity
Entidade de propósito especial

Speculate
Especular

Speculation
Especulação

Speech
Discurso

Spin off
Cisão

Split up
Cisão

Spokesman
Porta-voz

Spokesperson
Porta-voz

Spokeswoman
Porta-voz

Sponsor (noun)
Patrocinador

Sponsor (verb)
Patrocinar

Spot market
Mercado à vista

Spot price
Preço à vista

Spreadsheet
Planilha

Staff
Pessoal, equipe

Stagflation
Estagflação

Stagnation
Estagnação

Stake
Participação societária

Stakeholder
Parte interessada

Standard
Padrão

Standard deviation
Desvio padrão

Statement
Demonstração, declaração

State-owned company
Empresa pública, empresa estatal

Stationery
Papelaria

Statutes of limitation
Prescrição, prazo de prescrição

Statutory reserve
Reserva legal

Stock (noun)
Ação; estoque

Stock (verb)
Estocar

Stock buyback
Recompra de ações pela empresa que as emitiu

Stock Exchange
Bolsa de Valores

Stock option
Opção de compra de ações

Stockholder
Acionista

Stockholders' equity
Patrimônio líquido

Strategy
Estratégia

Subpoena (noun)
Citação, intimação

Subpoena (verb)
Intimar

Subscribed capital
Capital subscrito

Subsidiary
Subsidiária

Sum (noun)
Adição

Sum (verb)
Somar

Summary
Resumo

Sunk cost
Custo irrecuperável

Supplier
Fornecedor

Supplier credit
Crédito ao fornecedor

Supply (verb)
Fornecer

Supply and demand
Oferta e demanda, oferta e procura

Supply shock
Choque de oferta

Surety bond
Seguro garantia

Surplus
Superávit

Survey (noun)
Pesquisa

Survey (verb)
Pesquisar; inspecionar

Swindler
Estelionatário

Syndicate
Consórcio

Syndicated loan
Empréstimo sindicalizado

Synergy
Sinergia

T

ENGLISH-PORTUGUESE

Take-over (verb)
Assumir o controle

Target
Meta; alvo

Tariff
Tarifa

Task
Tarefa

Tax (noun)
Tributo, imposto

Tax (verb)
Taxar

Tax break
Incentivo fiscal; isenção fiscal

Tax burden
Carga tributária

Tax credit
Impostos a recuperar

Tax haven
Paraíso fiscal

Tax incentive
Incentivo fiscal

Tax law
Direito tributário

Tax planning
Planejamento tributário

Tax rebate
Restituição de imposto

Tax return
Declaração de imposto

Taxable event
Fato gerador

Taxable income
Renda tributável

Taxation
Tributação

Taxes payable
Impostos a pagar

Taxpayer
Contribuinte

Team
Equipe, time

Tenant
Inquilino, locatário

Tender
Oferta, proposta; edital

Tenor
Prazo

Term	Trademark (noun)
Vigência, prazo	*Marca registrada*
Terminate	Trademark (verb)
Rescindir; terminar	*Registrar marca*
Termination	Tradesman
Término	*Comerciante, negociante*
Terms of trade	Trading desk
Termos de troca	*Mesa de operações*
Third parties	Trading floor
Terceiros	*Pregão*
Time deposit	Trading session
Depósito a prazo	*Pregão*
Time table	Trainee
Cronograma	*Estagiário*
Time zone	Transaction
Fuso horário	*Transação, operação*
Timely	Treasurer
Oportuno	*Tesoureiro*
Tip (noun)	Treasuries
Gorjeta; dica	*Títulos da dívida pública*
Tip (verb)	Treasury
Dar gorjeta	*Tesouraria*
Total loss	Treasury shares
Perda total	*Ações em tesouraria*
Trace	Treasury stock
Rastrear	*Ações em tesouraria*
Track	Trial balance sheet
Rastrear	*Balancete*
Trade balance	Trillion
Balança comercial	*Trilhão*
Trade finance	Trust (verb)
Financiamento ao comércio exterior	*Confiar*
Trade surplus	Trustee
Superávit comercial	*Agente fiduciário*

Turnaround time
Tempo de resposta

Turnover
Faturamento, receita; giro

Tycoon
Magnata

U

ENGLISH-PORTUGUESE

Unaudited
Não-auditado

Undertaking
Empreendimento

Underwrite
Subscrever

Underwriter
Seguradora; garantidor, subscritor

Unemployed
Desempregado

Unemployment
Desemprego

Unemployment benefits
Auxílio desemprego

Unemployment insurance
Seguro desemprego

Unemployment rate
Taxa de desemprego

Union
Sindicato

Unpaid capital
Capital a integralizar

Update (noun)
Atualização

Update (verb)
Atualizar

Upfront
À vista

Upside
Vantagem

Uptime
Período de uso, período produtivo

Useful life
Vida útil

User
Usuário

Utility
Empresa prestadora de serviço público

Utilize
Utilizar

V

ENGLISH-PORTUGUESE

Vacancy
Vaga

Vacant
Vago

Vacation
Férias

Valuation
Avaliação

Value
Valor

Value added
Valor adicionado, valor agregado

Value-added tax
Imposto sobre valor agregado

Variable cost
Custo variável

Variable income
Renda variável

Variance
Variância

Variation
Variação

Venture
Empreendimento

Venture capital
Capital de risco

Venue
Foro, jurisdição

Viability
Viabilidade

Viable
Viável

Violate
Violar

Violation
Infração

Visit
Visitar

Visitor
Visitante

Volatile
Volátil

Volatility
Volatilidade

Vote (noun)
Voto

Vote (verb)
Votar

Voting capital
*Capital com direito a voto,
capital votante*

Voting right
Direito a voto

Voting share
Ação com direito a voto

Voting stock
Ação com direito a voto

W

ENGLISH-PORTUGUESE

Wage
Salário

Waive
Renunciar, desistir

Waiver
Renúncia, dispensa, desistência

Wallet
Carteira

Warehouse (noun)
Armazém

Warehouse (verb)
Armazenar

Warranty
Garantia

Waybill
Guia de embarque

Wealth
Riqueza

Weighted average cost of capital
(WACC)
Custo de capital médio ponderado

Wholesale
Atacado

Wholesaler
Atacadista

Wholly-owned subsidiary
Subsidiária integral

Will
Testamento; vontade

Wire transfer
Transferência bancária

Withdraw
Sacar, retirar

Withdrawal
Saque

Withhold
Reter

Withholding tax
Imposto retido na fonte

Witness (noun)
Testemunha

Witness (verb)
Testemunhar

Work (noun)
Trabalho

Work (verb)
Trabalhar

Work week
Semana de trabalho

Workforce
Força de trabalho, mão de obra

Working capital
Capital de giro

Working day
Dia útil

Writ
Mandado judicial

Writ of mandamus
Mandado de segurança

Write-down
Baixa contábil parcial

Write-off
Baixa contábil, baixa contábil parcial

Y + Z

ENGLISH-PORTUGUESE

Year-to-date (YTD)
Acumulado no ano

Yield
Rendimento, rentabilidade

Zero-coupon bond
*Título com pagamento de juros
apenas no vencimento*

CHAPTER
2

....

PORTUGUESE-ENGLISH

A

PORTUGUESE-ENGLISH

A pagar
Payable

A prazo
On credit

A receber
Receivable

À vista
Cash, upfront

Abatimento
Discount; rebate

Abertura de uma empresa
*Formation of a company,
organization of a company*

Abrir capital
Go public

Ação coletiva
Class action

Ação com direito a voto
Voting share, voting stock

Ação de primeira linha
Blue chip

Ação escritural
Book-entry share

Ação integralizada
Paid-in share

Ação judicial
Lawsuit

Ação ordinária (ON)
Common share, common stock

Ação preferencial (PN)
Preferred share, preferred stock

Ação sem direito a voto
Non-voting share, non-voting stock

Ação sem dividendos
Ex-dividend share

Ação vazia
Ex-dividend share

Aceitação
Acceptance

Aceite
Acceptance

Acionista
Shareholder, stockholder

Acionista controlador
Controlling shareholder

Acionista majoritário
Majority shareholder

Acionista minoritário
Minority shareholder

Ações
Shares, stocks; equity

Ações em circulação
Outstanding shares, outstanding stock, free float

Ações em tesouraria
Treasury stock, treasury shares

Acordo
Agreement, accord; settlement

Acordo de não-concorrência
Non-compete agreement

Acordo de recompra
Repurchase agreement

Acordo de sigilo
Non-disclosure agreement (NDA)

Acordo de taxa a termo
Forward rate agreement (FRA)

Acordo de taxa futura
Forward rate agreement (FRA)

Acordo extrajudicial
Out-of-court settlement

Acumulado no ano
Year-to-date (YTD)

Acumular
Amass, accumulate, hoard

Adiamento
Postponement

Adiantamento
Advance

Adiantar
Advance

Adiar
Postpone

Adição
Addition, sum

Administração
Administration, management

Administrador
Manager, administrator

Administrar
Manage

Adquirente
Acquirer, buyer, purchaser

Adquirida
Acquiree

Adquirir
Acquire

Aduana
Customs

Advogado
Lawyer, counsel, attorney, legal counsel

Agência
Agency

Agência de avaliação de crédito
Credit rating agency

Agência de crédito à exportação
Export credit agency (ECA)

Agente fiduciário
Trustee, fiduciary agent

Ágio
Goodwill, premium

Agiota
Loan shark

Ajustar
Adjust

Ajuste
Adjustment

Ajuste sazonal
Seasonal adjustment

Alavancagem
Leverage

Alavancar
Leverage

Alfândega
Customs

Alienar
Alienate

Alugar
Rent (US), let (UK), lease

Aluguel
Lease, rent, rental

Alvará
License, permit

Amortização
Amortization

Amortizar
Amortize

Amostra
Sample

Analisar
Analyze

Análise de custo-benefício
Cost-benefit analysis

Análise fundamentalista
Fundamental analysis

Analista
Analyst

Ano fiscal
Fiscal year

Ao ano (a.a.)
Per annum

Aplicação
Investment, deposit

Apólice de seguro
Insurance policy

Aportar
Invest, fund

Aposentadoria
Retirement

Aquisição
Acquisition

Armazém
Warehouse

Armazenar
Store; warehouse

Arquivar
File; archive

Arquivo
File; archive

Arrecadação
Collection

Arrecadar
Collect

Arredondar
Round, round off

Arredondar para baixo
Round down

Arrendador
Lessor

Arrendamento
Lease

Arrendante
Lessor

Arrendar
Lease

Arrendatário
Lessee, leaseholder

Artigo
Article

Assembleia
Meeting, session, assembly

Assembleia de acionistas
Shareholders' meeting

Assessor financeiro
Financial advisor

Assim que possível
As soon as possible (ASAP)

Associação sem fins lucrativos
Non-profit organization, not-for-profit organization

Assumir o controle
Take-over

Ata
Minutes

Atacadista
Wholesaler

Atacado
Wholesale

Atendimento
Service

Ativo
Asset

Ativo circulante
Current assets

Ativo de realização imediata
Quick asset

Ativo diferido
Deferred asset

Ativo fixo
Fixed assets

Ativo imobilizado
Fixed assets

Ativo líquido
Liquid assets

Ativo livre de risco
Risk-free asset

Ativo permanente
Permanent assets, fixed assets

Ativos sob gestão
Assets under management

Atraso
Delay

Atualização
Update

Atualização monetária
Adjustment for inflation, inflation accounting

Atualizar
Update

Atuário
Actuary

Audiência
Hearing

Auditar
Audit

Auditor
Auditor

Auditoria
Audit; due diligence

Auferir
Gain

Autarquia
Government agency

Autuação
Notification, official notification

Aval
Guarantee

Avaliação
Evaluation, assessment, appraisal, valuation

Avaliação de crédito
Credit rating

Avaliar
Evaluate, assess, appraise

Avalista
Guarantor

Avalizar
Co-sign

Aversão a risco
Risk aversion

Aviso de demissão
Pink slip

B

PORTUGUESE-ENGLISH

Baixa contábil
Write-off

Baixa contábil parcial
Write-down

Balança comercial
Balance of trade, trade balance

Balancete
Trial balance sheet

Balanço de pagamentos
Balance of payments

Balanço patrimonial
Balance sheet

Balcão
Counter; desk

Bancarrota
Bankruptcy

Banco
Bank

Banco Central
Central Bank

Banco comercial
Commercial bank

Banco de compensação
Clearing bank

Banco de Compensações
Internacionais
*Bank of International Settlements
(BIS)*

Banco de desenvolvimento
Development bank

Banco de investimento
Investment bank

Banqueiro
Banker

Barato
Cheap

Base de custo
Cost basis

Bem intangível
Intangible asset

Beneficiar
Benefit

Beneficiário
Beneficiary, payee

Benefício
Perk, benefit

Benfeitoria
Improvement

Bens
Assets; estate

Bens de capital
Capital goods, capital assets

Bens de consumo
Consumer goods

Bens duráveis
Durable goods

Bens imóveis
Real estate, realty

Bilhão
Billion

Bitributação
Double taxation

BMF&BOVESPA
Brazilian Securities, Commodities and Futures Exchange

Boa fé
Good faith

Boicotar
Boycott

Boicote
Boycott

Bolsa de Valores
Stock Exchange

Bom senso
Common sense

Bônus
Bond; bonus

Bônus perpétuo
Perpetual bond

Brecha
Loophole

Burocracia
Bureaucracy, red tape

C

PORTUGUESE-ENGLISH

Cadastrar
Register

Cadastro
Record, register

Caderneta de poupança
Savings account

Caducar
Expire, lapse

Caixa
Cash

Caixa de banco
Bank teller

Caixa postal
Post office box (PO Box)

Calendário
Calendar

Câmara de comércio
Chamber of commerce

Câmara de compensação
Clearing house

Câmbio
Exchange, foreign exchange (FX)

Campanha
Campaign

Candidato
Candidate, applicant

Capital
Capital

Capital a integralizar
Unpaid capital

Capital com direito a voto
Voting capital

Capital de giro
Working capital

Capital de risco
Venture capital, risk capital

Capital especulativo
Hot money

Capital fixo
Fixed capital

Capital inicial
Seed money

Capital integralizado
Paid-in capital

Capital sem direito a voto
Non-voting capital

Capital social
Capital stock, share capital, capital

Capital subscrito
Subscribed capital

Capital votante
Voting capital

Capitalização
Capitalization

Capitalização de mercado
Market capitalization

Captação
Borrowing, funding; fundraising

Captação de clientes
Customer acquisition

Carência
Grace period

Carga tributária
Tax burden

Cargo
Position, post

Caro
Expensive

Carta de crédito
Letter of credit

Carta de crédito irrevogável
Irrevocable letter of credit

Cartão
Card

Cartão de crédito
Credit card

Cartão de débito
Debit card

Carteira
Portfolio; wallet

Carteira de investimentos
Investment portfolio

Cartel
Cartel

Cartório
Notary public

Caução
Escrow, guarantee, collateral

Cedente
Assignor

Ceder
Assign

Cédula
Banknote

Certidão
Certificate

Certidão negativa
Clearance certificate, clearance, certificate of good standing

Certificado de Depósito Bancário (CDB)
Certificate of Deposit (CD)

Cessão
Assignment

Cessionário
Assignee

Chamada de margem
Margin call

Chefe
Boss

Cheque
Check (US), cheque (UK)

Cheque em branco
Blank check

Cheque especial
Overdraft, overdraft protection agreement

Cheque pré-datado
Post-dated check

Cheque sem fundo
Bad check, bounced check

Choque de demanda
Demand shock

Choque de oferta
Supply shock

Cifra
Figure

Cisão
Spin off, split up

Classificação de crédito
Credit rating

Cláusula
Clause

Cliente
Customer, client

Clube de investimento
Investment club

Cobertura
Coverage

Cobrança
Collection

Código de barras
Bar code

Cofre
Safe, coffer

Colega
Colleague

Colusão
Collusion

Comerciante
Tradesman, merchant, businessman

Comércio exterior
Foreign trade

Comissão
Commission

Comissão de Valores
Mobiliários (CVM)
*Equivalent to the Securities and
Exchange Commission*

Comitê
Committee

Companhia
Company

Companhia aberta
*Publicly-held company, public
company*

Companhia controladora
Holding company, parent company

Companhia de capital aberto
*Publicly-held company, public
company*

Companhia de capital fechado
Privately-held company

Companhia fechada
Private company

Companhia limitada
Limited liability company (LLC)

Compensação
Clearing; compensation

Competência
Authority, jurisdiction, competence

Compra
Purchase, acquisition

Compra de controle acionário
Buyout

Comprador
Buyer, acquirer, purchaser

Comprar
Purchase, buy, acquire

Compras, departamento de
Procurement, purchasing

Conciliação
Settlement

Conciliação bancária
Bank reconciliation

Concordata
Chapter 11

Concorrência
Competition

Concorrência pública
Public bid

Concorrente
Competitor

Concorrer
Compete

Conferência
Conference

Confiscar
Confiscate, seize

Conflito de interesses
Conflict of interest

Conglomerado
Conglomerate

Congresso
Congress

Conhecimento de embarque
Bill of lading

Conhecimento de transporte
Bill of lading

Conluio
Collusion

Conselho de administração
Board of directors

Conselho fiscal
Audit committee

Consignação
Consignment

Consolidação
Consolidation

Consórcio
Consortium, syndicate

Constituição de uma empresa
*Organization of a company,
formation of a company*

Consultor
Consultant

Consultoria
Consulting

Conta
Account

Conta bancária
Bank account

Conta corrente
Current account, checking account

Contabilidade
Accounting

Contador
Accountant

Contas a pagar
Accounts payable

Contas a receber
Accounts receivable

Contracheque
Pay slip, pay check, pay stub

Contraproducente
Counterproductive

Contratar
Hire

Contrato
Agreement, contract, instrument

Contrato a termo de moeda com
entrega física
Deliverable forward (DF) contract

Contrato a termo de moeda sem
entrega física
*Non-deliverable forward (NDF)
contract*

Contrato de empréstimo
Loan agreement

Contrato de recompra
Repo, repurchase agreement

Contrato futuro
Futures contract

Contrato social
*Articles of association, articles
of incorporation, articles of
organization, charter*

Contribuinte
Taxpayer

Contribuir
Contribute

Controladoria
Controllership

Conversibilidade
Convertibility

Convocação de assembleia
Notice of meeting

Cooperativa
Cooperative

Coordenador
Coordinator

Coordenar
Coordinate

Correção
Correction

Correção monetária
*Inflation accounting, inflation
adjustment*

Correio
Post office, mail

Corretagem
Brokerage

Corretor
Broker

Corretora
Broker

Corretora de valores
Broker-dealer

Corrigir
Correct, fix

Cota
Share

Cotação
Quotation, quote

Cotista
Shareholder

Credibilidade
Credibility

Crédito
Credit

Crédito à exportação
Export credit

Crédito ao comprador
Buyer credit

Crédito ao consumidor
Consumer credit

Crédito ao fornecedor
Supplier credit

Crédito de liquidação duvidosa
Bad debt

Crédito rotativo
Revolving credit

Credor
Creditor, lender

Credor hipotecário
Mortgagee

Cronograma
Schedule, time table

Cupom
Coupon

Currículo
Résumé

Curto prazo
Short term

Curva de aprendizado
Learning curve

Custo
Cost

Custo das mercadorias vendidas
(CMV)
Cost of goods sold (COGS)

Custo de capital médio ponderado
*Weighted average cost of capital
(WACC)*

Custo de oportunidade
Opportunity cost

Custo de vida
Cost of living

Custo do capital
Cost of capital

Custo dos produtos vendidos
(CPV)
Cost of goods sold (COGS)

Custo fixo
Fixed cost

Custo irrecuperável
Sunk cost

Custo operacional
Operating cost

Custo total
All-in cost

Custo variável
Variable cost

Custo, seguro e frete
Cost, insurance and freight (CIF)

Custo-benefício
Cost-benefit

Custódia
Custody

Custodiante
Custodian

Custos diferidos
Deferred costs

Custos indiretos
Overhead costs

D

PORTUGUESE-ENGLISH

Dano
Damage

Data de entrada em vigor
Effective date

Data de liquidação
Settlement date

Data de vencimento
Due date, maturity, maturity date, deadline, expiration date

Data final
Deadline

Debênture
Bond, debenture, corporate bond

Débito
Charge, debit

Decisão judicial
Court decision

Declaração
Statement, certificate

Declaração de imposto
Tax return

Declaração juramentada
Affidavit

Decreto
Decree

Dedução
Deduction

Defasagem
Lag, gap

Deferido
Approved, granted, conceded

Deferimento
Approval

Déficit
Deficit

Deficitário
Loss-making

Deflação
Deflation

Deflator
Deflator

Deliberar
Decide, deliberate, resolve

Demanda
Demand

Demanda reprimida
Pent-up demand

Demissão
Layoff, dismissal, resignation

Demitir
Dismiss, fire, sack, lay off

Demonstração
Statement

Demonstração de resultados
Income statement

Demonstração financeira
Financial statement

Demonstrar
Demonstrate

Departamento
Department, office

Depositar
Deposit

Depositário
Depositary, custodian

Depósito
Deposit

Depósito a prazo
Time deposit

Depreciação
Depreciation

Depreciar
Depreciate

Derivativo
Derivative

Deságio
Discount

Desapropriação
Expropriation

Desconto
Discount, deduction, rebate

Desembolso
Disbursement, outlay

Desempregado
Unemployed, jobless

Desemprego
Unemployment, joblessness

Despedir
Lay off

Despejo
Eviction

Despesa
Expense, expenditure

Despesa de capital
Capital expenditure

Despesa operacional
Operating expense

Despesas financeiras
Financial expenses

Despesas gerais
Overhead costs

Desregulamentação
Deregulation

Dessazonalizado
Seasonally-adjusted

Destinatário
Addressee

Desvalorização
Devaluation

Desvio padrão
Standard deviation

Devedor
Debtor, borrower, obligor

Devedor hipotecário
Mortgagor

Dever
Duty

Dia útil
Business day, working day

Diluição
Dilution

Diluir
Dilute

Dinheiro
Money

Dinheiro vivo
Cash

Direito
Law

Direito a voto
Voting right

Direito antitruste
Antitrust law

Direito concorrencial
Antitrust law

Direito de regresso
Recourse, right of recourse

Direito tributário
Tax law

Diretor de Contabilidade
Chief Accounting Officer (CAO)

Diretor de Operações
Chief Operating Officer (COO)

Diretor Executivo
Chief Executive Officer (CEO)

Diretor Financeiro
Chief Financial Officer (CFO)

Diretor Presidente
Chief Executive Officer (CEO)

Diretriz
Guideline

Discrepância
Discrepancy

Discurso
Speech, address

Dispensa
Exemption, waiver

Dispensar
Waive, exempt

Disponibilidade
Availability

Disponível
Cash

Dissídio coletivo
Collective bargaining

Dissolução
Liquidation

Dissolver
Dissolve; liquidate

Distribuidor
Distributor

Distribuidora de Títulos e Valores
Mobiliários (DTVM)
Securities dealership, securities brokerage

Distribuir
Distribute

Distrito Federal
Federal District

Dívida
Debt

Dívida incobrável
Bad debt

Dívida líquida
Net debt

Dívida pública
Public debt

Dividendo
Dividend

Dividendos por ação
Dividends per share

Divulgação
Disclosure

Duplicata
Bill, invoice

Duração
Duration

E

PORTUGUESE-ENGLISH

EBITDA consolidado
Consolidated EBITDA

Econometria
Econometrics

Economia
Economics; economy

Economias de escala
Economies of scale

Economizar
Save

Edital
Public notice, call for tenders, request for bids, tender

Em aberto
Outstanding

Emissão
Issuance

Emissor
Issuer

Emitente
Issuer

Emitir
Issue

Emolumento
Fee

Empenhar
Pawn, pledge

Empreendedor
Entrepreneur

Empreendedorismo
Entrepreneurship

Empreendimento
Undertaking, enterprise, venture

Empregado
Employee

Empregador
Employer

Emprego
Employment; job

Emprego de meio expediente
Part-time job

Emprego de meio período
Part-time job

Emprego de período integral
Full-time job

Empresa
Company, corporation, organization; concern

Empresa com fins lucrativos
For-profit company

Empresa de capital aberto
Publicly-held company

Empresa de capital fechado
Closed-capital company

Empresa de capital misto
Mixed-capital company

Empresa de fachada
Front company

Empresa de serviço público
Utility

Empresa estatal
State-owned company, state-controlled company

Empresa individual
Sole proprietorship

Empresa pública
Government-owned company, state-owned company

Empresária
Businesswoman

Empresário
Businessman

Emprestador
Lender

Emprestar
Lend

Empréstimo
Loan

Empréstimo a juros fixos
Fixed-rate loan, fixed-interest loan

Empréstimo sindicalizado
Syndicated loan

Encargo
Charge

Encargos sociais
Payroll taxes

Encomenda
Order

Encomendar
Order

Endividamento
Debt, indebtedness

Endossado
Endorsee

Endossante
Endorser

Endossar
Endorse

Endosso
Endorsement

Engenharia
Engineering

Engenheiro
Engineer

Entidade de propósito especial
Special-purpose entity

Entrada
Down payment

Entrega
Delivery

Entregar
Deliver

Envio e manuseio
Shipping and handling

Equilíbrio
Balance

Equipamento
Equipment

Equipar
Equip

Equipe
Staff, team

Equivalência patrimonial
Equity accounting

Escambo
Barter

Escritório
Office

Escritório de advocacia
Law firm, law office

Escritura
Deed

Especialista
Specialist

Especulação
Speculation

Espólio
Estate

Estagflação
Stagflation

Estagiário
Intern; trainee

Estagnação
Stagnation

Estatização
Nationalization

Estatuto social
By-laws, articles of association, articles of incorporation

Estelionatário
Swindler

Estocar
Stock

Estoque
Inventory, stock

Estorno
Reversing entry, reversal

Estratégia
Strategy

Estrutura de capital
Capital structure

Exaustão
Depletion

Excessos de custo
Cost overruns

Execução de contrato
Enforcement

Exercício social
Financial year, fiscal year

Expediente comercial
Business hours

Exploração
Exploitation; exploration

Expor
Expose; exhibit

Exportador
Exporter

Exposição
Exhibition

Expropriação
Expropriation

Expropriar
Expropriate

Extrato bancário
Bank statement

F

PORTUGUESE-ENGLISH

Fábrica
Factory, plant

Fabricante
Manufacturer

Fabricar
Manufacture, fabricate

Faixa
Range, band

Falência
Bankruptcy

Falsificado
Counterfeit, fake

Fato gerador
Taxable event

Fato relevante
Relevant fact, material fact

Fatura
Invoice, bill, bill of sale

Faturamento
Sales, revenue, turnover

Favorecido
Payee, beneficiary

Fechamento de capital
Going private

Fechar o capital
Go private

Feriado
Holiday

Férias
Vacation

Fiador
Guarantor

Fiança
Guarantee

Filial
Branch

Finanças
Finance

Finanças corporativas
Corporate finance

Financiamento
Financing, funding

Financiamento à exportação
Export finance

Financiamento ao comércio
exterior
Trade finance

Financiamento de curto prazo
Short-term financing

Financiamento de longo prazo
Long-term financing

Financiamento de projeto
Project finance

Financiamento garantido por ativo
Asset-based financing

Financiamento pré-embarque
Pre-shipment finance

Firma
Firm

Firma individual
Sole proprietorship

Fiscalização
Inspection

Fiscalizar
Inspect

Fluxo de caixa
Cash flow

Fluxo de caixa descontado
Discounted cash flow (DCF)

Fluxograma
Flow chart

Folga
Day off

Folha de pagamento
Payroll

Força de trabalho
Workforce

Força maior
Force majeure

Formulário
Form

Fornecedor
Supplier

Fornecer
Supply

Foro
Jurisdiction, venue

Franquia
Franchise

Franquia do seguro
Deductible

Frete
Freight

Frota
Fleet

Fuga de capital
Capital flight

Funcionar
Work, function

Funcionário
Employee

Fundo
Fund

Fundo de comércio
Goodwill

Fundo de fundos
Fund of funds

Fundo de investimento
Investment fund

Fundo de pensão
Pension fund

Fundo Monetário Internacional (FMI)
International Monetary Fund (IMF)

Fundo mútuo
Mutual fund

Fundo soberano
Sovereign wealth fund

Fusão
Merger

Fuso horário
Time zone

Futuros
Futures

G

PORTUGUESE-ENGLISH

Ganhar
Gain, win

Ganho
Gain

Ganho de capital
Capital gain

Garantia
Guarantee, collateral, warranty, escrow, pledge, lien

Garantia de licitação
Bid bond

Garantia de manutenção de proposta
Bid bond

Garantia do concorrente
Bid bond

Garantir
Guarantee, ensure

Gargalo
Bottleneck

Gasolina
Gas, gasoline, petrol (UK)

Gasto
Expense, spending; outlay

Gerar
Generate, yield

Gerenciar
Manage

Gerente
Manager

Gestão
Management

Gestão de ativos
Asset management

Gestão de recursos
Asset management

Gestão de risco
Risk management

Gestor
Manager

Gestor de ativos
Asset manager

Gestor de carteira
Portfolio manager

Gestor de fundo
Fund manager

Gestor de recursos
Asset manager

Giro
Turnover

Gorjeta
Tip

Governança corporativa
Corporate governance

Grafista
Chartist

Gratuito
Free, gratuitous

Grau
Grade; degree

Grau de investimento
Investment grade

Guia de embarque
Waybill

H

PORTUGUESE-ENGLISH

Habilidade
Skill

Herança
Inheritance

Herdeiro
Heir

Hiato do produto
Output gap

Hipoteca
Mortgage

Holerite
Pay slip, pay check, pay stub

Homologação
Ratification

Hora extra
Overtime

DICTIONARY OF FINANCE

I

PORTUGUESE-ENGLISH

Idoneidade
Good standing, credibility

Idôneo
Reputable

Ilíquido
Illiquid

Imóvel
Real estate, property, realty

Importação
Import

Importador
Importer

Imposto
Tax, levy

Imposto alfandegário
Customs duty

Imposto de importação
Duty, import duty

Imposto de renda
Income tax

Imposto retido na fonte
Withholding tax

Imposto sobre circulação de
mercadorias e prestação de
serviços (ICMS)
Sales tax

Imposto sobre operações
financeiras (IOF)
Tax on financial operations

Imposto sobre propriedade
territorial urbana (IPTU)
Real estate tax

Imposto sobre serviços (ISS)
Tax on services

Imposto sobre valor agregado
Value-added tax

Impostos a pagar
Taxes payable

Impostos a recuperar
Tax credit

Inadimplemento cruzado
Cross default

Inadimplência
Delinquency; default

Inadimplente
Delinquent

Incentivo fiscal
Tax break, tax incentive

Indenização
Indemnification; damages

Indenizar
Indemnify

Indicador
Gauge, index

Índice
Index

Índice de endividamento
Debt ratio

Índice de liquidez
Liquidity ratio

Índice de preços ao consumidor
(IPC)
Consumer price index (CPI)

Índice de sinistralidade
Loss ratio

Índice preço-lucro (P/L)
Price-earnings ratio, P/E ratio

Indústria
Industry

Inflação
Inflation

Informação privilegiada
Inside information

Infração
Infringement, breach, violation

Infraestrutura
Infrastructure

Inquilino
Tenant

Inscrição
Registration, enrollment

Insolvência
Insolvency

Insolvente
Insolvent

Inspeção
Inspection

Inspecionar
Inspect

Instituição
Institution

Insumo
Input

Intermediário
Middleman, intermediary

Intimação
Subpoena

Intimar
Notify

Inventário
Inventory, survey

Investidor
Investor

Investidor institucional
Institutional investor

Investimento
*Investment, capital expenditure
(CAPEX)*

Investimento estrangeiro direto
(IED)
Foreign direct investment (FDI)

Investir
Invest

Irrevogável
Irrevocable

Isenção
Exemption

Isenção fiscal
Tax break

Isentar
Exempt, acquit

Isento
Exempt

J

PORTUGUESE-ENGLISH

Juiz
Judge

Junta Comercial
Board of Trade

Jurisdição
Jurisdiction, venue

Jurisprudência
Case law, jurisprudence

Juro composto
Compound interest

Juros
Interest

Juros acumulados
Accrued interest

Juros de mora
Interest on arrears

Juros provisionados
Accrued interest

Juros simples
Simple interest

Juros sobre capital próprio
Interest on capital

L

PORTUGUESE-ENGLISH

LAJIDA
EBITDA

Lance
Bid

Leasing operacional
Operating lease

Lei
Law

Lei antitruste
Antitrust law

Lei das Sociedades Anônimas
Brazilian Corporate Law

Leilão
Auction

Leiloar
Auction

Letra de câmbio
Bill of exchange

Licença
Leave; license, permit

Licença maternidade
Maternity leave

Licença médica
Sick leave

Licitação
Bidding

Licitante
Bidder

Liminar
Preliminary injunction, injunction

Linha de crédito
Line of credit

Liquidação
Liquidation, settlement

Liquidação judicial
Receivership

Liquidar
Sell off; settle

Liquidez
Liquidity

Litigar
Litigate

Litígio
Litigation

Livro caixa
Cash book

Livro diário
Journal

Livro razão
Ledger

Livro razão geral
General ledger

Locador
Lessor, landlord

Locatário
Tenant, lessee

Logística
Logistics

Longo prazo
Long term

Lucrar
Profit

Lucro
Profit, earnings, income, gain

Lucro antes de juros, impostos,
depreciação e amortização
(LAJIDA)
Earnings before interest, taxes,
depreciation and amortization
(EBITDA)

Lucro bruto
Gross profit

Lucro líquido
Net income, net profit, net earnings

Lucro por ação
Earnings per share (EPS)

Lucros acumulados
Retained earnings

Lucros retidos
Retained earnings

DICTIONARY OF FINANCE

M

PORTUGUESE-ENGLISH

Macroeconomia
Macroeconomics

Má-fé
Bad faith

Magnata
Magnate, tycoon

Mala direta
Direct mail

Mandado de segurança
Mandamus, writ of mandamus, injunction

Mandado judicial
Writ

Mandato
Mandate, term of office

Manutenção
Maintenance

Mão de obra
Workforce

Marca
Brand, make

Marca registrada
Trademark

Marcado a mercado
Marked to market

Margem
Margin

Margem de lucro
Profit margin

Massa falida
Bankrupt estate

Matemática
Mathematics

Matrícula
Enrollment

Matricular
Enroll

Matriz
Parent company, holding company, headquarters

Média
Average

Mediação
Mediation

Médio prazo
Medium term

Medir
Measure

Mercado
Market

Mercado à vista
Spot market

Mercado de balcão
Over-the-counter (OTC) market

Mercado de capitais
Capital market

Mercado de crédito
Credit market, debt capital market, debt market

Mercado de dívida
Debt capital market, debt market

Mercado emergente
Emerging market

Mercado financeiro
Financial market

Mercado futuro
Futures market

Mercado secundário
Secondary market

Mercadoria
Goods, merchandise

Merecimento de crédito
Creditworthiness

Mesa de operações
Trading desk

Meta
Goal, target, aim

Microeconomia
Microeconomics

Milhão
Million

Minuta
Draft

Mitigador
Mitigant

Mitigar
Mitigate

Moeda
Currency; coin

Moeda forte
Hard currency

Monetização
Monetization

Monetizar
Monetize

Monopólio
Monopoly

Montante fixo
Lump sum

Mora
Arrears, default

Moratória
Moratorium, default

Multa
Fine, penalty

Multar
Fine

Mutuante
Lender

Mutuário
Borrower

Mútuo
Loan

N

PORTUGUESE-ENGLISH

Nacionalização
Nationalization

Não-auditado
Unaudited

Negociação
Negotiation

Negociação coletiva
Collective bargaining

Negociar
Negotiate

Negócios
Business

Nepotismo
Nepotism

Norma
Rule

Nota fiscal
Invoice

Nota promissória
Promissory note

Notificação
Notice, notification

Notificar
Notify

Numerário
Cash

O

PORTUGUESE-ENGLISH

Objeto social
Corporate purpose, business purpose

Obras públicas
Public works

Obrigação
Liability, obligation

Obsolescência
Obsolescence

Obsoleto
Obsolete

Oferta
Bid, offer, tender; deal

Oferta e demanda
Supply and demand

Oferta e procura
Supply and demand

Oferta pública de aquisição
Tender offer

Oferta pública inicial
Initial public offering (IPO)

Oferta secundária
Secondary offering

Oligopólio
Oligopoly

Omissão
Omission

Omitir
Omit

Ônus
Charge, burden, lien, encumbrance

Opção
Option

Opção de compra
Call option

Opção de compra de ações
Stock option

Opção de venda
Put option

Operação
Operation, deal, transaction

Oportuno
Opportune, timely, suitable, convenient

Orçamento
Budget

Ordem de pagamento
Payment order, money order

Ordem dos Advogados
Bar Association

Ordenado
Salary

Organização não-governamental
(ONG)
*Non-governmental organization
(NGO)*

Organização sem fins lucrativos
Not-for-profit organization, non-profit organization

Organograma
*Organization chart,
organizational chart*

Órgão
Agency

Otimista
Bullish, optimistic

Outorgado
Grantee

Outorgante
Grantor

Outorgar
Grant

P

PORTUGUESE-ENGLISH

Pacote
Package

Padrão
Standard

Padronizar
Standardize

Pagador
Payer

Pagamento
Payment, pay

Pagamento em atraso
Arrears

Pagamento único
Lump sum

Pagar
Pay

Pagar antecipadamente
Prepay

Palestra
Lecture

Paliativo
Palliative

Papel timbrado
Letterhead

Papelaria
Stationery

Para sua informação (PSI)
For your information (FYI)

Paraíso fiscal
Tax haven

Parceiro
Partner

Parcela
Installment; amount

Parceria
Partnership, association

Parceria público-privada
Public-private partnership

Parecer jurídico
Legal opinion

Parte interessada
Stakeholder

Participação de mercado
Market share

Participação de minoritários
Minority interest

Participação nos lucros
Profit sharing

Participação societária
Interest, stake, equity stake, equity

Passivo
Liability, liabilities

Passivo circulante
Current liabilities

Patente
Patent

Patrimônio
Assets, estate

Patrimônio líquido
*Net worth, shareholders' equity,
stockholders' equity, net equity*

Patrimônio líquido de um fundo
de investimento
Net asset value (NAV)

Patrocinador
Sponsor

Pauta
Agenda

Pechinchar
Bargain

Pedido
Order; request

Pedido de demissão
Resignation

Pedido de indenização
Claim

Penhor
Pledge, pawn, lien

Perda total
Total loss

Perdas e danos
Damages, losses and damages

Período de carência
Grace period

Período ocioso
Downtime

Período produtivo
Uptime

Perito
Expert, expert witness

Pesquisa
Research, survey

Pessimista
Bearish, pessimistic

Pessoa física
Individual, natural person

Pessoa jurídica
Legal entity

Pessoal
Personnel, staff

Planejamento tributário
Tax planning

Planilha
Spreadsheet

Poder aquisitivo
Purchasing power

Poder de compra
Purchasing power

Política
Policy; politics

Política monetária
Monetary policy

Político
Politician

Ponto base
Basis point

Ponto de equilíbrio
Break-even point

Por ano
Per annum, per year

Porta-voz
Spokesperson, spokeswoman, spokesman

Portfólio
Portfolio

Posição comprada
Long position

Posição vendida
Short position

Postergar
Postpone

Poupança
Savings

Poupar
Save

Prazo
Term, tenor; deadline

Prazo de prescrição
Statutes of limitation

Preço
Price

Preço à vista
Spot price

Pregão
Trading session, trading floor

Prejuízo
Loss

Prêmio
Premium

Prêmio de risco
Risk premium

Premissa
Premise

Pré-pagamento de exportações
Pre-export finance

Preposto
Agent, representative

Prescrição
Statutes of limitation

Presidente
Chief Executive Officer (CEO), President, Chairman

Prestação
Installment

Prever
Foresee, forecast

Previdência privada
Private pension plan

Previdência social
Social security

Previsão
Forecast

Principal
Principal

Privatização
Privatization

Privatizar
Privatize

Pro labore
Manager's compensation

Probabilidade
Probability

Processo judicial
Lawsuit

Procuração
Power of attorney

Procurador
Attorney

Procurar
Seek, search

Produção
Production, output

Produto interno bruto (PIB)
Gross domestic product (GDP)

Produzir
Produce

Projeção
Projection, estimate, forecast

Projeto
Project, blueprint

Propina
Kickback

Propor
Propose, offer

Proporção
Proportion

Proposta
Proposal

Propriedade
Ownership; property

Propriedade intelectual
Intellectual property

Proprietário
Owner

Prós e contras
Pros and cons

Protelar
Postpone

Protestar
Protest

Protesto
Protest

Provável
Probable, likely

Providência
Arrangement, measure

Provisão
Reserve, provision, allowance

Provisão para créditos de
liquidação duvidosa
*Loan-loss provision, allowance for
loan losses*

Provisão para devedores
duvidosos (PDD)
*Provision for bad debts, allowance
for doubtful accounts*

Q

PORTUGUESE-ENGLISH

Quebra
Bankruptcy

Questionário
Questionnaire

Quitação
Acquittance; settlement

Quorum
Quorum

R

PORTUGUESE-ENGLISH

Ramal telefônico
Extension

Rascunho
Draft

Rastrear
Trace

Razão geral
General ledger

Razão social
Corporate name

Realização de lucros
Profit taking

Rebaixamento
Downgrade

Receber
Receive

Recebível
Receivable

Receita
Revenue, sales, turnover, proceeds

Receita bruta
Gross revenue

Receita bruta consolidada
Consolidated gross revenue

Receita Federal dos EUA
Internal Revenue Service (IRS)

Receita líquida
Net revenue

Recessão
Recession

Recibo
Receipt

Recolher
Collect, pay

Recolhimento
Collection

Recompra
Buyback

Recompra de ações pela empresa
que as emitiu
Stock buyback

Reconhecer firma
Notarize

Recuperação
Recovery

Recuperação do investimento
Payback

Recuperar
Recover

Recurso natural
Natural resource

Recursos
Resources

Redução
Decrease, reduction

Reembolso
Payback; reimbursement, refund

Refinanciamento
Refinancing

Refinanciar
Refinance

Regime de competência
Accrual basis

Regressão
Regression

Regresso
Recourse

Reiniciar
Resume, restart

Reintegração
Reinstatement

Reintegrar
Reinstate, reintegrate

Reinvestimento
Reinvestment

Reinvestir
Reinvest

Relações com investidores
Investor relations

Relações públicas
Public relations

Relatório
Report

Relatório anual
Annual report

Remetente
Sender

Remuneração
Compensation, pay, remuneration

Renda
Income, earnings

Renda disponível
Disposable income

Renda fixa
Fixed income

Renda tributável
Taxable income

Renda variável
Variable income

Rendimento
Yield, return

Renovação
Renewal

Renovar
Renew

Rentabilidade
Profitability, yield, return

Retorno sobre o patrimônio
Return on equity (ROE)

Renunciar
Resign, renounce, waive

Repasse de financiamento
On-lending

Repor
Restore, replenish

Rescindir
Rescind, terminate

Reserva
Reserve

Reserva de capital
Capital reserve

Reserva de lucro
Profit reserve

Reserva legal
Statutory reserve, legal reserve

Reservas cambiais
Foreign exchange reserves

Reservas internacionais
Foreign exchange reserves

Resgatar
Redeem

Resgate
Redemption

Resistência
Resistance

Resistir
Resist

Restituição de imposto
Tax rebate, tax refund

Resolução
Resolution

Responsabilidade
Liability, responsibility

Responsabilidade limitada
Limited liability

Responsabilidade solidária
Joint and several liability

Ressegurar
Reinsure

Resseguro
Reinsurance

Restabelecimento
Reinstatement

Restituição
Refund

Resultado
Result, outcome

Resultado de exercícios futuros
Deferred income

Resumo
Summary

Retaguarda
Back office

Retorno
Return

Retorno sobre ativos
Return on assets (ROA)

Retorno sobre investimento
Return on investment (ROI)

Retorno sobre vendas
Return on sales

Reunião
Meeting

Riqueza
Wealth

Risco
Risk

Risco comercial
Commercial risk

Risco de crédito
Credit risk

Risco político
Political risk

Risco soberano
Sovereign risk

Risco-país
Country risk

Rolagem de dívida
Rollover

Rótulo
Label

S

PORTUGUESE-ENGLISH

Sacado
Drawee

Sacador
Drawer

Salário
Wage, salary

Salário mínimo
Minimum wage

Saldo
Balance

Saldo de caixa
Cash balance

Salvaguarda
Safeguard

Saque
Withdrawal

Saque a descoberto
Overdraft

Sazonalidade
Seasonality

Securitização
Securitization

Sede
Headquarters

Segmento
Segment

Segurado
Policyholder, insured

Seguradora
Insurance company, insurer, underwriter

Seguro
Insurance

Seguro de crédito
Credit insurance

Seguro de crédito à exportação
Export credit insurance

Seguro de lucros cessantes
Business interruption insurance

Seguro de vida
Life insurance

Seguro desemprego
Unemployment benefits, unemployment insurance

Seguro garantia
Surety bond

Seguro garantia do executante
Performance bond

Semana de trabalho
Work week

Semestral
Semiannual

Semestre
Half, half year

Senha
Password

Serviço da dívida
Debt service

Sinal
Down payment; sign

Sindicato
Union

Sinergia
Synergy

Sinistralidade
Loss ratio

Sinistro
Loss

Sociedade
Company, corporation, firm, partnership; society

Sociedade anônima
Corporation

Sociedade controladora
Holding company

Sociedade de capital aberto
Public company, publicly-held company

Sociedade de capital fechado
Closed company, privately-held corporation

Sociedade por cotas de responsabilidade limitada
Limited company

Sócio
Partner

Sócio majoritário
Majority shareholder; majority stockholder

Sócio minoritário
Minority shareholder, minority stockholder

Solvência
Solvency

Subornar
Bribe

Suborno
Bribe, kickback

Subproduto
By-product

Subsidiar
Subsidize

Subsidiária
Subsidiary

Subsidiária integral
Wholly-owned subsidiary

Subsídio
Subsidy

Sucursal
Branch

Superávit
Surplus

Superávit comercial
Trade surplus

T

PORTUGUESE-ENGLISH

Tabela
Table

Tabelião
Notary public

Talão de cheques
Checkbook

Tarefa
Task

Tarifa
Tariff, rate, fee

Taxa
Rate

Taxa anual
Annual rate

Taxa composta de
crescimento anual
*Compound annual growth rate
(CAGR)*

Taxa de câmbio
Exchange rate, foreign exchange rate

Taxa de câmbio flutuante
Floating exchange rate

Taxa de desemprego
Unemployment rate, jobless rate

Taxa de juro sem risco
Risk-free interest rate

Taxa de juros
Interest rate

Taxa de juros real
Real interest rate

Taxa de resgate
Redemption fee

Taxa de retorno
Rate of return

Taxa fixa
Fixed rate, flat rate

Taxa flutuante
Floating rate

Taxa interna de retorno (TIR)
Internal rate of return (IRR)

Teleconferência
Conference call

Tempo de resposta
Turnaround time

Tempo ocioso
Downtime

Terceirização
Outsourcing

Terceirizar
Outsource, farm out

Terceiros
Third parties

Termos de troca
Terms of trade

Tesouraria
Treasury

Tesoureiro
Treasurer

Testamento
Will

Testemunha
Witness

Tirar de linha
Phase out

Titular
Holder

Título
Security, bond

Título com pagamento de juros
apenas no vencimento
Zero-coupon bond

Título de alto risco
Junk bond

Título de dívida
Bond

Títulos
Securities

Títulos da dívida pública
Government bonds, treasuries

Tomada de empréstimo
Borrowing

Tomador de empréstimo
Borrower

Tomar emprestado
Borrow

Transação
Transaction

Transações correntes
Current account

Transferência bancária
Wire transfer

Tribunal
Court

Tributação
Taxation

Tributo
Tax

Trilhão
Trillion

Trimestralmente
Quarterly

Trimestre
Quarter

Turno
Shift

U

PORTUGUESE-ENGLISH

Usuário
User

V

PORTUGUESE-ENGLISH

Vaga
Vacancy

Vago
Vacant

Valor
Value

Valor adicionado
Value added

Valor agregado
Value added

Valor contábil
Book value

Valor de face
Face value

Valor de mercado
Market value

Valor econômico adicionado
Economic value added (EVA)

Valor justo
Fair value

Valor mobiliário
Security

Valor patrimonial
Book value

Valor presente líquido (VPL)
Net present value (NPV)

Valor venal
Market value

Valorização
Appreciation

Vantagem
Advantage

Varejista
Retailer

Variação
Variation

Variância
Variance

Vencido
Overdue, lapsed, matured

Vencimento
Due date, maturity date, maturity

Venda
Sale

Venda a descoberto
Short selling

Vendedor
Salesperson, seller

Viabilidade
Feasibility, viability

Vida útil
Useful life, service life

Viés
Bias

Vigência
Duration, term

Violação
Breach

Visitante
Visitor

Volatilidade
Volatility

Vontade
Will

Voto
Ballot, vote